This book is dedicated to my nieces

Cielo

Juliet

Karime

&

Madison.

Little Peach Goes to the Beach

Copyright © 2014 by Juan R. Hernandez

All rights reserved. No part of this book may be reproduced or transmitted in any form or by any means, electronic or mechanical, including photocopying, recording, or by an information storage and retrieval system, without written permission from the author.

ISBN: 978-0-9835843-7-7

Illustrations and cover design by Juan R. Hernandez.

Published by Lonely Swan Books
3883 Turtle Creek Boulevard
Dallas, TX 75219
lonelyswanbooks.com

Little Peach Goes to the Beach
and other stories

Duraznito Va a la Playa
y otras historias

by
Juan R. Hernandez

Contents

The Country Mouse ....3 ....El Ratón Campesino

The Missing Bat...............................9 ....El Bate Perdido

Little Peach goes to the Beach...............21...............Duraznito Va a la Playa

2

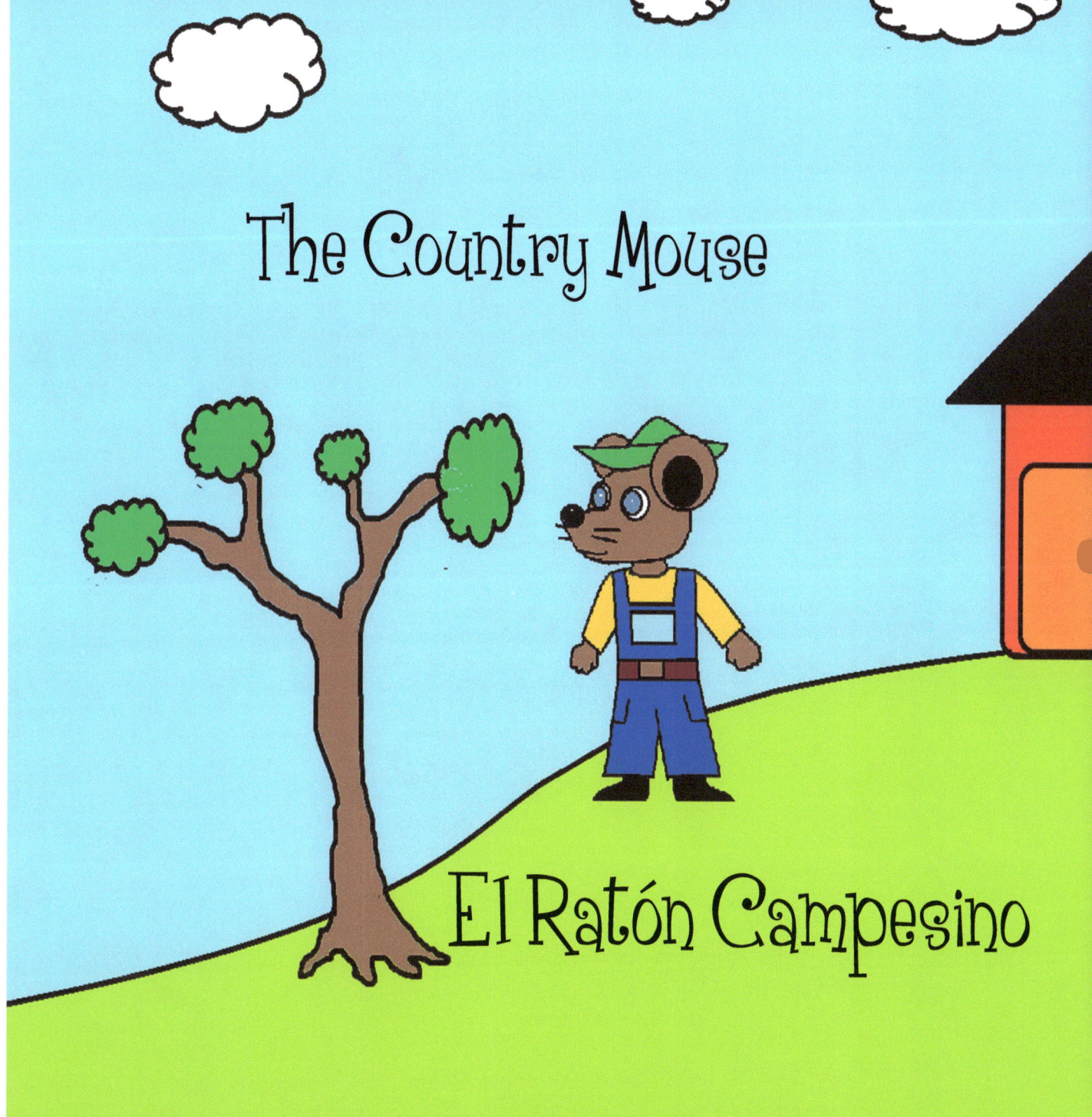

There was once a small country mouse.

He lived in a red wooden house.

Había una vez un ratoncito del campo.

Vivía en una casa roja y de palos.

One day he went down to the village

To buy some crackers and jelly.

On his path he met a snake.

She carried a brown wooden rake.

Un día al pueblo decidió bajar

A comprar mermelada y galletas con sal.

Conoció una serpiente en su camino.

Ella sostenía un rastrillo.

"I think I'm lost!" said Johnny the mouse.

"I will need a map to return to my house."

Sandy the snake liked Johnny's green hat,

And so she traded for a shiny blue map.

"Creo que estoy perdido", dijo el ratoncito,

"Para volver a casa un mapa necesito".

A Sara le gusto la gorra de Juanito,

Y decidió cambiárselo por un mapa azulito.

He found his way around the village
And found a shop that sold peach jelly.

He also bought a cracker box
From an old bearded ox.

Mientras su camino hacia el pueblo buscaba.

Encontró una tiendita que vendía mermelada.

Y compró una caja de galletas saladas

A un buey que era viejo y con una gran barba.

And so Johnny returned home
Where he ate crackers all day long
Next to his new friend, the snake,
Who carried a brown wooden rake.

Y así el ratoncito a su casa volvió
Y todo ese día galletas comió
Con su nueva amiga, la serpiente Sara,
Que siempre con ella un rastrillo cargaba.

The End   El Fin

This is the story of Katy the cat.
She lived next to her neighbor, Bill the rat.
Together they played Bill's video games.
They were both the best of friends.

Esta es la historia de Caty la gata.
Ella era vecina de Billy la rata.
Jugaban los video-juegos de Billy Ratón.
Eran dos amigos de lo mejor.

One day Bill the rat
Lost his favorite bat,
And he cried and cried
Next to a slide.

Un día Billy el ratoncito
Perdió su bate favorito,
Y el lloró y lloró
Junto a un resbalador.

Katy the cat
Heard her friend Bill
Who cried next to the slide
Just over the hill.

Caty la gata
Escuchó a Billy Ratón
Lloraba junto a un resbalador
Justo detrás de una colina.

"Are you okay?" asked Katy the cat.

"I lost my bat," said Billy the rat.

Katy said, "Let's find it together. If we work as a team, we will do much better."

"¿Te encuentras bien"? preguntó la gata.

"Perdí mi bate", contestó la rata.

"Lo buscamos juntos", le dijo al ratón.

"Si trabajamos en equipo será mucho mejor".

"OK," said Bill,
And they both climbed the hill.

"Está bien", contestó el ratón,
Y escalaron la colina los dos.

They searched all over Bill's room
Behind an old wooden broom.
"No sign of your bat," said Katy the cat.

Buscaron en la habitación de Billy Ratón
Detrás de una escoba vieja él revisó.
"No hay seña de tu bate", dijo la gata Caty.

Bill stepped out of his room
And sat on the stairs.
"I can't find my bat. I looked everywhere."

Billy salió de su habitación

Y se sentó en un escalón.

"No encuentro mi bate. Lo busqué en todas partes".

Katy the cat sat next to the rat.
She said, "Don't worry, Bill. We'll find your bat."

Caty la gata se sentó junto a la rata.
"Bill, no debes preocuparte. Encontraremos tu bate".

Bill cried and cried all afternoon,
Until he saw his brother Blue.
Blue had a baseball game that night.
And so he borrowed Bill's new bat.

Billy lloró toda la tarde,
Hasta ver su hermano Azul.
Esa noche tenía un juego
Y pidió prestado el bate nuevo.

Billy the rat jumped for joy
Since he found his favorite toy.
So together Katy and Bill
Played all day over the hill.

Brincó de emoción Billy Ratoncito
Al recuperar su juguete favorito.
Entonces la rata, junto a su vecina
Jugó todo el día tras de la colina.

They played baseball together.
They would be best friends forever.

Jugaron beisbol sin parar.
Serán mejores amigos hasta el final.

The End 20 El fin

Little Peach Goes to the Beach

Duraznito va a la playa

There once lived a small friendly peach.
His dream was to visit the beach.
He grabbed a bucket and a sand-castle kit,
As well as shorts and a walking stick

And he walked and walked.

Había una vez un durazno pequeño.
Ir a la playa era su sueño.
Tomó herramientas para hacer un castillo
También tomó un palo y sus pantaloncitos.

Y caminó y caminó.

The little peach arrived at the beach
And was amazed at such a great place.
So he walked and walked.

El duraznito a la playa llegó
Era un encanto y se asombró.

Y caminó y caminó.

He built a castle out of sand.
The beach was such a wonderland!

El duraznito construyó un castillo grandioso.
¡Quedó encantado con un lugar tan hermoso!

And so the little peach	Y así el duraznito
Made some friends at the beach.	Hizo dos amiguitos.
He met a jolly watermelon	Una sandia conoció
And a small grumpy lemon.	Y un amargado limón.

The grumpy lemon
was an unhappy fellow.
Peach gave him a shell
With a very sweet smell.

El limoncito
Era un poco amargadito.
Duraznito le dio un caracol
Que tenía un dulce olor.

"Hello," said the hermit crab who lived inside.
Lemon took a peek and finally smiled.
They ran and played around the beach,
Watermelon, Lemon and Peach.

"Hola", dijo un cangrejito.
Se asomó y sonrió Limoncito.
Limoncito, Sandía, y Duraznito saltaron
Por toda la playa jugaron.

They fed the fish and dug in the sand.
They collected shells and got a tan.
And so Little Peach
Had fun at the beach.

Alimentaron peces y en la arena escarbaron

Con tanto sol también se quemaron.

Y así Duraznito,

Fue a la playa solito.

By the end of the day
He made two loving friends.

Hizo dos amigos ese día
Limón y Sandía.

The end   El fin

www.ingramcontent.com/pod-product-compliance
Lightning Source LLC
Chambersburg PA
CBHW040021050426
42452CB00002B/77